35 ABENTEUER GESCHICHTEN ZUM MITMACHEN

DEIN INTERAKTIVES ERSTLESE BUCH

ALLTAGS-ABENTEUER FÜR DIE 1. KLASSE

MIT SPANNENDEN SILBENGESCHICHTEN & LESERÄTSEL FÜR KINDER AB 6 JAHREN

Inhaltsverzeichnis

Inhaltsverzeichnis

Die Schatzkarte

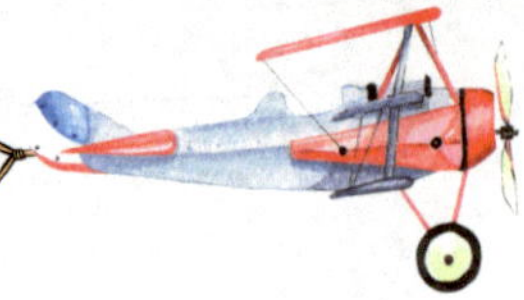

Luca und Emma finden auf dem Dachboden eine alte Schatzkarte. „Lass uns den Schatz suchen!“, ruft Emma. Sie nehmen die Karte und gehen in den Garten.

Sie suchen rund um die Büsche und unter Steinen. „Hier muss er sein!“, sagt Luca.

Sie graben eine kleine Grube. Dort finden sie eine Kiste. „Ein echter Schatz!“, jubeln sie.

In der Kiste sind alte Münzen und ein glänzender Anhänger. „Wir sind echte Schatzsucher!“, sagt Emma. Sie nehmen den Schatz mit nach Hause und sind stolz auf ihr Abenteuer.

1. Leserätsel

Wo finden Luca und Emma die Schatzkarte?

1. Im Keller
2. Auf dem Dachboden
3. In der Gartenhütte

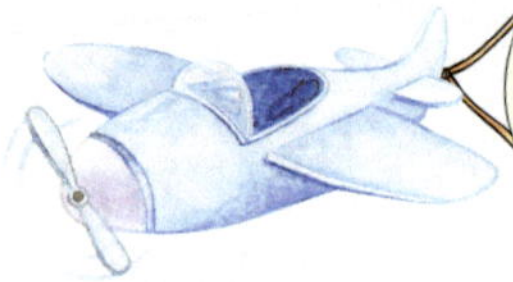

Der erste Schultag

Annas erster Schultag beginnt. Sie ist aufgeregt. Ihr Ranzen ist gepackt und sie trägt ein neues Kleid.

Im Klassenzimmer sitzen schon viele Kinder. Anna sucht sich einen Platz. Die Lehrerin heißt Frau Lehmann. „Willkommen!“, sagt sie.

Sie lernen einander kennen. Anna findet neue Freunde. Sie malen und singen zusammen. Anna lernt auch die ersten Buchstaben.

Die Pause macht Spaß. Die Kinder spielen auf dem Schulhof.
Als die Schule aus ist, strahlt Anna. „Schule ist toll!“, ruft sie. Sie freut sich auf morgen.

2. Leserätsel

Was macht Anna in der Pause?

1. Sie liest ein Buch.
2. Sie schreibt einen Brief.
3. Sie spielt auf dem Schulhof.

Der verlorene Schlüssel

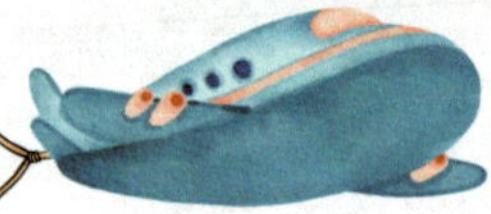

Tom sucht seinen Haustürschlüssel. „Wo kann er nur sein?“, denkt er. Er schaut unter dem Sofa, hinter den Vorhängen und in allen Zimmern nach.

Seine Katze Mia beobachtet ihn. Mia folgt ihm überall hin. Tom schaut auch im Garten nach. „Vielleicht ist er hier“, sagt er.

Er sucht unter den Blumen und hinter den Büschen. Mia schnurrt und stupst etwas mit der Pfote. „Was hast du da?“, fragt Tom.

Es ist der Schlüssel! „Danke, Mia!“, ruft Tom. Mia schnurrt zufrieden.

3. Leserätsel

Wer findet den verlorenen Schlüssel für Tom?

1. Seine Mutter
2. Seine Katze Mia
3. Ein Vogel im Garten

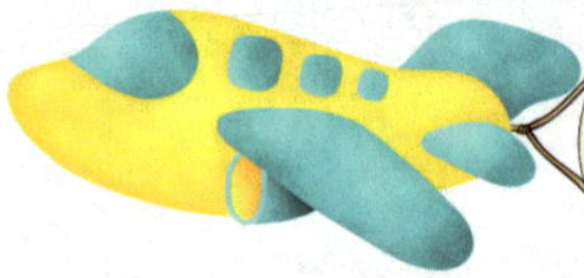

Der erste Schnee

Eines Morgens wachte Maria auf und sah etwas Wunderbares. Über Nacht hatte es geschneit. Der ganze Garten war weiß.

„Schnee!“, rief sie und zog sich schnell an. Draußen traf sie ihren Freund Ben. Zusammen bauten sie einen großen Schneemann. Sie gaben ihm eine Möhre als Nase und Kohlen als Augen.

Dann begann eine Schneeballschlacht. Maria und Ben lachten und spielten. Der Schnee war so kalt, aber es machte sehr viel Spaß.

Als es dunkel wurde, gingen sie nach Hause, müde aber glücklich. Es war ein toller Tag im ersten Schnee.

4. Leserätsel

Was bauten Maria und Ben im Schnee?

1. Einen großen Schneemann

2. Ein Schloss aus Eis

3. Eine Höhle

Der Schulausflug

Die Klasse machte einen Ausflug in den Zoo. Alle Kinder waren aufgeregt. Sie sahen Elefanten, Giraffen und Affen. Die Tiere waren faszinierend.

„Schau, die Giraffe!“, rief Maria. Die Giraffe streckte ihren langen Hals. Tom war begeistert von den bunten Vogelarten. Er konnte nicht aufhören, sie zu beobachten.

Die Lehrerin erzählte spannende Geschichten über jedes Tier. Die Kinder lauschten und lernten viele neue Dinge.

Am Ende des Tages waren alle müde, aber glücklich. Der Zoo-Ausflug war ein tolles Erlebnis.

5. Leserätsel

Wohin ging die Klasse auf ihren Ausflug?

1. Ins Museum
2. In den Zoo
3. Auf einen Bauernhof

Das Bauernhof-Abenteuer

Luca und Anna besuchten einen Bauernhof. Dort gab es viele Tiere: Kühe, Hühner, Schweine und ein Pferd.

Zuerst fütterten sie die Kühe. Die Kühe muhten laut. „Das ist lustig“, sagte Anna. Dann sammelten sie Eier bei den Hühnern. Die Hühner gackerten.

Danach streichelten sie das freundliche Pferd. Luca und Anna durften sogar auf ihm reiten. Sie fühlten sich wie echte Cowboys und Cowgirls.

Sie halfen auch beim Ernten von Gemüse. Am Ende des Tages waren sie müde, aber sehr glücklich. Es war ein spannendes Abenteuer!

6. Leserätsel

Was machten Luca und Anna auf dem Bauernhof?

1. Sie spielten mit dem Hund.
2. Sie bauten einen Schneemann.
3. Sie fütterten die Kühe.

Das neue Haustier

Laura und ihr Bruder Tom waren aufgeregt. Heute kam ihr neues Haustier, ein kleiner Welpe. Sie hatten alles vorbereitet: ein Körbchen, Spielzeug und Futter.

Als der Welpe ankam, war er schüchtern. Aber bald begann er, fröhlich herumzulaufen und zu spielen. Laura und Tom lachten. Der Welpe war sehr verspiel.

Sie nannten ihn „Lucky“. Lucky folgte ihnen überall hin. Abends kuschelte er sich in seinem neuen Körbchen ein.

„Lucky ist der beste Freund“, sagte Laura. Tom nickte. Lucky war ein Teil der Familie geworden.

7. Leserätsel

Was für ein Tier war das neue Haustier von Laura und Tom?

1. Ein Kaninchen
2. Ein Papagei
3. Ein Welpe

Geburtstag im Park

Maxi feierte seinen Geburtstag im Park. Er lud seine Freunde ein. Es gab einen großen Tisch für ein Picknick.

Maxis Mama brachte einen großen Kuchen. Er war bunt und hatte sieben Kerzen. „Für jedes Jahr eine Kerze“, sagte Maxi lachend.

Die Kinder spielten Fangen und Verstecken. Sie lachen und hatten Spaß. Dann öffneten sie die Geschenke. Maxi bekam viele tolle Sachen.

Als es Zeit für den Kuchen war, sangen alle „Happy Birthday“. Maxi blies die Kerzen aus. Es war ein perfekter Tag.

8. Leserätsel

Was gab es zum Geburtstag von Maxi zu essen?

1. Eine Pizza
2. Einen großen, bunten Kuchen
3. Eiscreme

Der verregnete Tag

Es war ein verregneter Tag. Maria und ihr kleiner Bruder Julian konnten nicht nach draußen gehen. Aber sie waren nicht traurig. Sie hatten eine Idee.

Sie bauten ein großes Kissenhaus im Wohnzimmer. Mit Kissen und Decken machten sie es sich gemütlich. Dann holten sie ihre Lieblingsspiele.

Maria und Julian spielten Brettspiele und lasen ihre Lieblingsbücher. Sie lachten und hatten Spaß.

Draußen regnete es weiter, aber drinnen war es warm und gemütlich. Es war ein perfekter Tag, trotz des Regens.

9. Leserätsel

Was bauten Maria und Julian im Wohnzimmer?

1. Eine Burg aus Bauklötzen
2. Einen Turm aus Büchern
3. Ein Kissenhaus

Der erste Zahn

Lena war aufgeregt. Ihr erster Zahn war locker. „Bald besucht mich die Zahnfee“, dachte sie. Jeden Tag hatte sie den Zahn im Auge behalten.

Eines Morgens war der Zahn weg. Lena suchte und fand ihn unter dem Kissen. Sie strahlte vor Glück.

Lena legte den Zahn in eine kleine Schachtel. Abends legte sie die Schachtel unter ihr Kopfkissen. „Für die Zahnfee“, flüsterte sie und schlief ein.

Am nächsten Morgen fand Lena eine kleine Überraschung unter dem Kissen: eine glitzernde Münze!
Lena sagte. „Danke, Zahnfee!“

10. Leserätsel

Wer kam in der Nacht, um Tinas Zahn zu holen?

1. Die Zahnfee
2. Ein kleiner Elf
3. Ein freundlicher Dachs

Der Sandkasten

Im Park gab es einen großen Sandkasten. Kinder kamen mit ihren Eimern und Schaufeln zum Park.

Lena und ihr Freund Max bauten ein großes Sandschloss. Sie schaufelten und formten den Sand. Dann benutzten sie Muscheln und Stöckchen als Dekoration.

Nebenan grub Tom ein tiefes Loch. „Ich suche nach Schätzen!“, rief er lachend.

Die Kinder spielten den ganzen Nachmittag. Sie lachen und hatten viel Spaß zusammen. Als die Sonne unterging, waren sie stolz auf ihre Sandkunstwerke.
„Morgen kommen wir wieder!“, riefen sie.

11. Leserätsel

Was bauten Lena und Max im Sandkasten?

1. Ein großes Auto
2. Einen hohen Turm
3. Ein großes Sandschloss

Ein Tag am See

Lucas Familie fuhr zum See. Es war ein sonniger Tag. Am See waren viele Enten.

Luca und seine Schwester Sophia sprangen ins Wasser. Sie schwammen und spielten. „Das Wasser ist so erfrischend!“, rief Luca.

Sie bauten auch eine Sandburg am Ufer. Ihre Eltern saßen im Schatten und sahen zu.

Nachmittags gab es ein Picknick. Sie aßen frisches Obst und Salat. Alle waren glücklich.

Als die Sonne unterging, packten sie zusammen ein. „Das war ein toller Tag am See!“, sagten Luca und Sophia.

12. Leserätsel

Was machten Luca und Sophia am See?

1. Sie fuhren Boot.
2. Sie spielten Fußball.
3. Sie bauten eine Sandburg.

Der verhexte Schuh

Eines Morgens konnte Ben seinen Schuh nicht finden. „Wo ist er nur?“, fragte er sich. Er suchte im ganzen Haus.

Plötzlich fand er den Schuh hinter dem Vorhang. Aber am nächsten Tag war der Schuh wieder weg. „Das ist ja wie verhext!“, sagte Ben.

Ben fand ihn diesmal unter dem Bett. „Wie kommst du nur dahin?“, fragte er den Schuh.

Am dritten Tag war der Schuh wieder verschwunden. Ben lachte. „Na, wo bist du diesmal?“, rief er.

Er fand ihn in seinem Schulranzen. „Jetzt hab ich dich!“, sagte Ben.

13. Leserätsel

Wo fand Ben seinen Schuh am dritten Tag?

1. Im Kühlschrank
2. In seinem Schulranzen
3. Auf dem Dachboden

Die Pyjama-Party

Emma hatte ihre Freunde zur Pyjama-Party eingeladen. Alle kamen in bunten Pyjamas.

Sie bauten zuerst ein großes Kissenhaus. Dann begann die Kissenschlacht. Federn flogen durch die Luft. Alle lachten und hatten Spaß.

Später gab es leckere Snacks. Sie aßen Popcorn und tranken Kakao. Dann rief Emma laut. „Filmzeit!“.

Sie schauten einen Film an und kuschelten sich in Decken ein. Nach dem Film erzählten sie sich Geschichten.
Es war eine tolle Nacht. „Die beste Pyjama-Party!“, sagten alle.

14. Leserätsel

Was machten die Kinder auf der Pyjama-Party?

1. Sie machten ein Feuer.
2. Sie zelteten im Garten.
3. Sie machten eine Kissenschlacht.

Hilfe im Garten

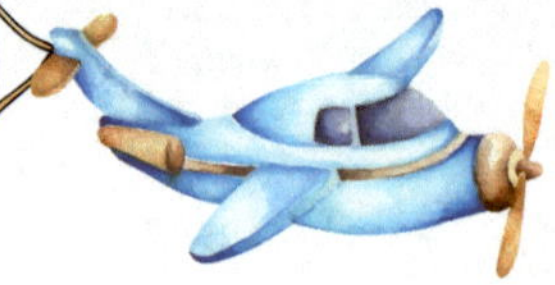

Luna und Max helfen heute im Garten. Sie tragen bunte Handschuhe. Zuerst pflanzen sie Blumen. Luna setzt vorsichtig die Blumen in die Erde.

„Dort können sie wachsen und blühen“, sagt sie. Max pflanzt Gemüse. „Wir werden bald Salat haben!“, sagt er fröhlich.

Dann gießen sie die Pflanzen. Das Wasser glitzert in der Sonne. Die Vögel singen und Schmetterlinge fliegen umher.

„Unser Garten wird so schön sein“, sagt Luna. Max nickt. „Ja, wir haben gut gearbeitet.“

15. Leserätsel

Was pflanzen Luna und Max im Garten?

1. Blumen und Gemüse
2. Bäume und Sträucher
3. Kartoffeln und Äpfel

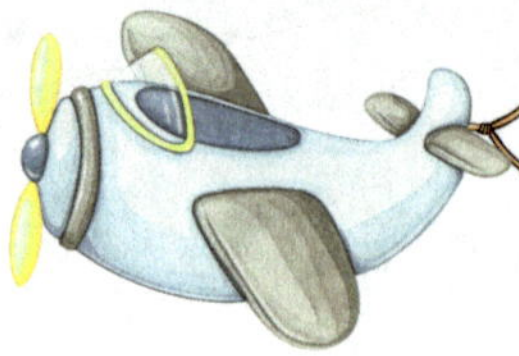

Das neue Schwimmbad

Heute gehen Maria und Tom ins neue Schwimmbad. Sie sind aufgeregt. Das Bad hat einen großen Pool und eine Rutsche.

Sie ziehen ihre Badeanzüge an und springen ins Wasser. Das Wasser ist erfrischend. Sie planschen und spritzen einander nass.

„Komm, wir rutschen!“, ruft Tom. Sie klettern die Stufen hoch und rutschen hinunter. „Das macht Spaß!“, ruft Maria.

Dann spielen sie Ball im Wasser. Später essen sie Eis am Poolrand.
Als sie nach Hause gehen, sind sie müde, aber glücklich.

16. Leserätsel

Was ist das Besondere am neuen Schwimmbad?

1. Eine Eisbahn
2. Eine große Rutsche
3. Ein Basketballfeld

Der erste Friseurbesuch

Julia geht zum ersten Mal zum Friseur. Sie ist ein bisschen aufgeregt. Im Friseursalon gibt es viele Spiegel und bunte Stühle.

Julia setzt sich auf einen Stuhl. Die Friseurin legt ein Tuch über ihre Schultern. „Wie möchtest du deine Haare haben?“, fragt sie. Julia lächelt. „Ein bisschen kürzer, bitte!“

Die Friseurin beginnt zu schneiden. Julia sieht zu, wie ihre Haare fallen. Bald ist sie fertig. Sie sieht sich im Spiegel an und strahlt. „Das sieht toll aus!“, ruft sie.

Julia ist glücklich mit ihrem neuen Haaren.

17. Leserätsel

Was macht die Friseurin mit Julias Haaren?

1. Sie färbt sie bunt.
2. Sie macht Locken.
3. Sie schneidet sie ein bisschen kürzer.

Das neue Fahrrad

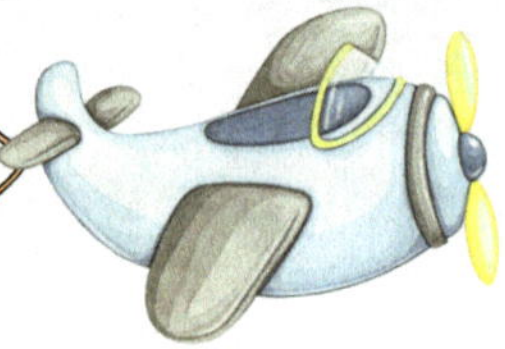

Max hatte Geburtstag. Er bekam ein neues, blaues Fahrrad. Max war sehr aufgeregt. Er wollte sofort mit dem Fahrrad fahren. Sein Papa half ihm beim Aufsteigen.

„Pass gut auf!“, sagte Papa. Max tritt langsam in die Pedale. Er bewegte sich vorsichtig, aber stetig. „Ich kann es!“, rief Max. Der Wind spielte in seinen Haaren. Max fühlte sich frei und stark.

Papa lief neben ihm her, immer bereit zu helfen. „Du machst das toll!“, rief er. Max lächelte stolz und fuhr immer schneller. Es war ein wunderbares Gefühl.

18. Leserätsel

Was hat Max zum Geburtstag bekommen?

1. Einen neuen Fußball
2. Einen blauen Teddy
3. Ein neues, blaues Fahrrad

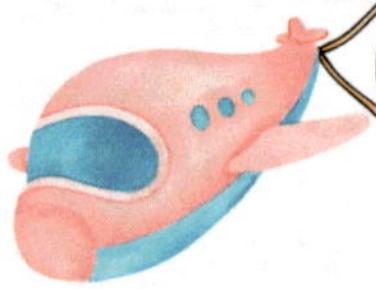

Die Nacht im Zelt

Luca und Maria zelten im Garten. Sie haben ein Zelt aufgebaut. Es ist schon dunkel und die Sterne leuchten am Himmel.

„Das ist wie ein Abenteuer!“, flüstert Maria. Luca nickt. Sie sitzen im Zelt und leuchten mit einer Taschenlampe. Draußen hören sie Geräusche. „Vielleicht sind es Tiere“, sagt Luca.

Sie erzählen sich Geschichten. Manche sind lustig, manche sind gruselig. Sie lachen und haben Angst zugleich.

Schließlich kuscheln sie sich in ihre Schlafsäcke. „Die beste Nacht!“, flüstert Maria. Sie schlafen unter den Sternen ein.

19. Leserätsel

Wo zelten Luca und Maria?

1. Im Wald
2. Im Garten
3. Am Strand

Mein erster Kochversuch

Lena versucht heute zu kochen. Sie hat eine Schürze an und eine Kochmütze auf. „Ich bin ein Chefkoch!“, ruft sie. Sie beginnt, Gemüse zu schnippeln. Tomaten, Gurken und Möhren. Dann gibt sie alles in einen Topf. Sie rührt vorsichtig um.

„Mama, darf ich die Suppe würzen?“, fragt sie. „Natürlich!“, antwortet Mama. Lena gibt Salz und Pfeffer dazu. Sie kostet. „Hmm, lecker!“, sagt sie stolz.

Lenas Familie probiert die Suppe. „Das hast du toll gemacht!“, sagen sie. Lena strahlt. Ihr erster Kochversuch ist ein Erfolg.

20. Leserätsel

Was kocht Lena in der Küche?

1. Eine Suppe
2. Pfannkuchen
3. Spaghetti

Das kaputte Spielzeug

Timo findet seinen Lieblingslaster kaputt in seinem Zimmer. Ein Rad ist abgebrochen. Timo ist deshalb sehr traurig. „Kann man das reparieren?“, fragt er seinen Papa.

Papa schaut sich das Spielzeug an. „Wir probieren es!“, sagt er. Zusammen setzen sie sich an den Tisch. Sie nehmen Kleber und Werkzeug.
Papa und Timo arbeiten vorsichtig. Sie setzen das Rad wieder an. „Jetzt muss es trocknen“, sagt Papa.

Timo wartet geduldig. Dann probiert er den Laster aus. Er fährt! „Hurra!“, ruft Timo, „Papa, wir haben es geschafft!“

21. Leserätsel

Was ist an Timos Spielzeug kaputt?

1. Ein Rad ist abgebrochen.
2. Der Motor ist kaputt.
3. Das Spielzeug hat Kratzer.

Beim Zahnarzt

Tim ging zum Zahnarzt. Er war ein bisschen nervös. Im Wartezimmer gab es viele bunte Bilder und Spielzeug. Tim spielte, bis sein Name aufgerufen wurde.

Der Zahnarzt lächelte freundlich. „Hallo Tim“, sagte er. Tim setzte sich in den großen Stuhl. Alles war so interessant. Der Zahnarzt schaute sich Tims Zähne an. „Sehr gut geputzt“, sagte er. Tim strahlte.

„Keine Löcher“, bestätigte der Zahnarzt. Tim bekam ein kleines Geschenk: eine bunte Zahnbürste. Tim verließ den Zahnarzt fröhlich. „Das war gar nicht schlimm“, dachte er.

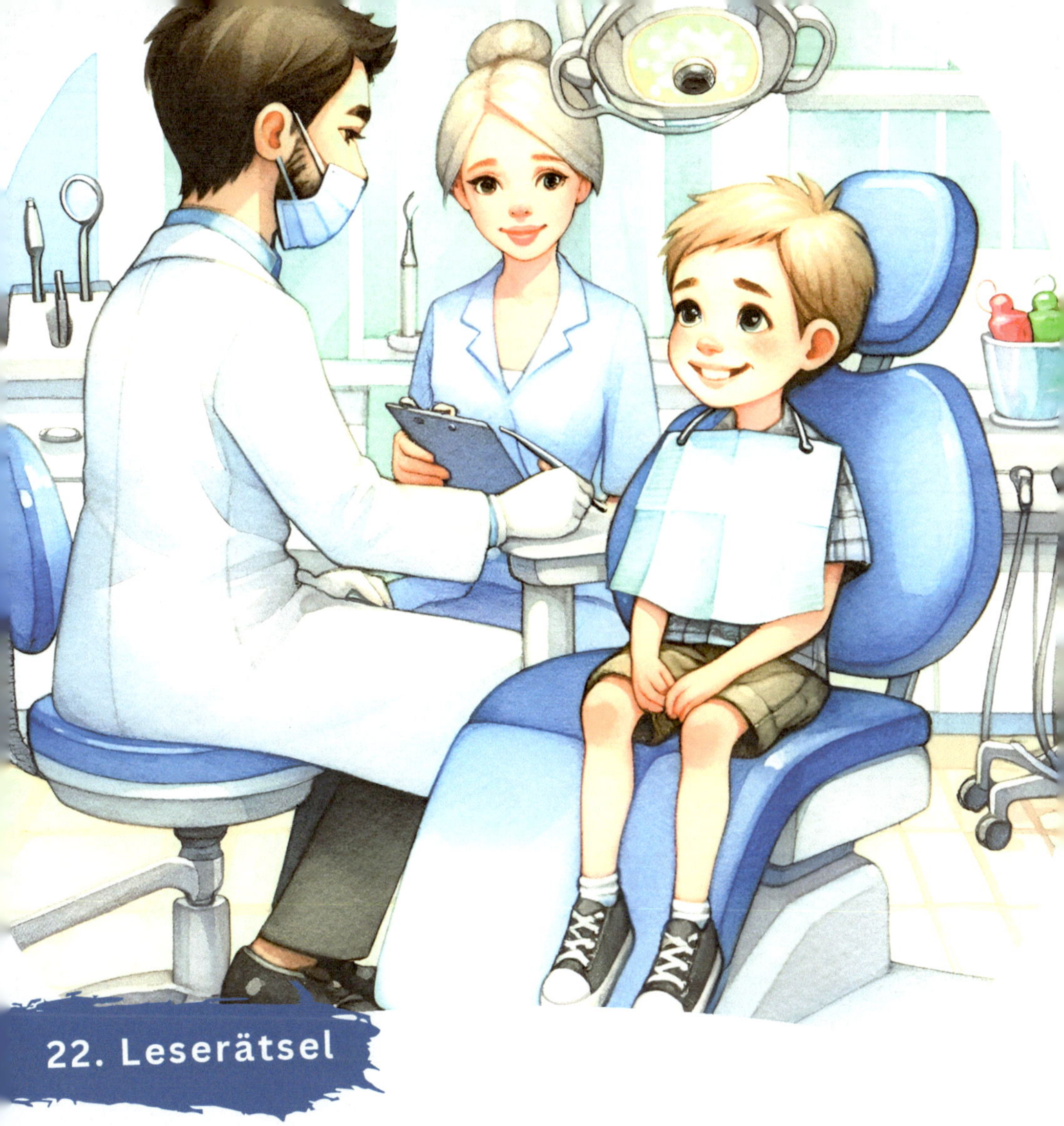

22. Leserätsel

Was bekam Tim vom Zahnarzt, weil er seine Zähne gut geputzt hatte?

1. Einen neuen Fußball
2. Eine bunte Zahnbürste
3. Ein Stück Kuchen

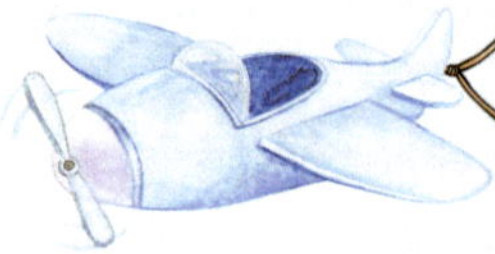

Mein bester Freund

Peter und sein bester Freund Tom spielen zusammen im Park. Sie kennen sich schon lange.

Heute spielen sie Fußball. Peter passt den Ball und Tom schießt ein Tor. „Toor!“, ruft Peter. Sie lachen und klatschen.

Dann lesen sie ein Buch unter einem Baum. Sie finden die Geschichten spannend.

„Du bist mein bester Freund“, sagt Peter. Tom lächelt. „Und du bist mein bester Freund“, antwortet er.

Sie spielen noch, bis die Sonne untergeht. Die beiden haben einen tollen Tag und viel Spaß.

23. Leserätsel

Was machen Peter und Tom im Park?

1. Sie suchen einen Schatz.
2. Sie fahren Fahrrad.
3. Sie spielen Fußball.

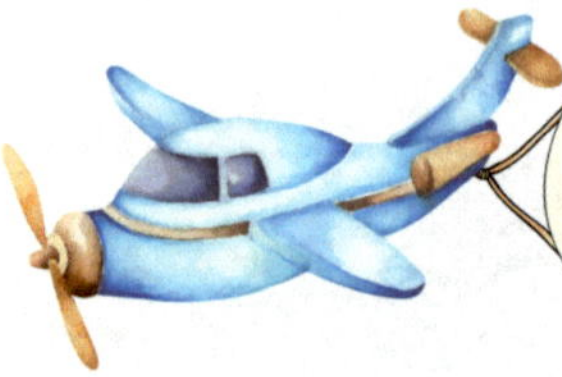

Verlorener Teddy

Emily hatte einen liebsten Teddy. Eines Tages war er weg. „Wo ist mein Teddy?“, fragte sie sich. Emily suchte überall. Sie schaute unter dem Bett, hinter den Vorhängen, sogar im Schrank.

Emily war traurig. „Ich vermisse dich, Teddy“, flüsterte sie. Plötzlich hatte sie eine Idee. Sie ging ins Wohnzimmer und sah auf das Sofa. Dort, hinter einem Kissen, war ihr Teddy.

„Da bist du ja!“, rief sie und nahm ihn in die Arme. Emily war so glücklich. Ihr Teddy war wieder da.

24. Leserätsel

Wo fand Emily ihren verlorenen Teddybären?

1. Unter dem Bett
2. Hinter einem Kissen auf dem Sofa
3. Im Schrank

Der Leuchtturm-Besuch

Tobias und seine Familie besuchen einen Leuchtturm am Meer. Der Leuchtturm ist sehr hoch. „Man kann bestimmt weit sehen!“, sagt Tobias.

Sie steigen die vielen Stufen hinauf. Es ist anstrengend, aber Tobias ist neugierig. Oben angekommen, blickt er hinaus. Das Meer ist groß und blau. „Es ist wunderschön!“, ruft er.

Sie sehen auch Schiffe und Segelboote. Möwen kreisen in der Luft. „Sieh mal, dort!“, sagt Mama und zeigt auf einen Delfin.

Tobias ist begeistert. Der Tag am Leuchtturm ist ein besonderes Erlebnis.

25. Leserätsel

Was sieht Tobias vom Leuchtturm aus?

1. Eine große Stadt
2. Schiffe und ein Delfin
3. Einen Wald

Die Farben des Regens

Luna schaut aus dem Fenster. Es regnet. Sie sieht, wie die Tropfen am Glas herunterlaufen.

Plötzlich hört der Regen auf. Die Sonne kommt hervor. „Was passiert jetzt?“, denkt Luna.

Dann sieht sie etwas Schönes am Himmel: einen Regenbogen! Er hat so viele Farben: Rot, Orange, Gelb, Grün, Blau und Violett.
Luna staunt. „Die Farben des Regens sind wunderschön“, sagt sie.

Sie malt einen Regenbogen. Jede Farbe kommt auf das Papier. „Jetzt habe ich meinen eigenen Regenbogen!“, freut sich Luna.

26. Leserätsel

Was sieht Luna nach dem Regen?

1. Einen Vollmond
2. Einen Sternschnuppen-Regen
3. Einen Regenbogen

Das selbstgemachte Geschenk

Jule will ihrer Mama ein Geschenk machen. „Etwas Besonderes“, denkt sie. Sie nimmt buntes Papier, Kleber und eine Schere.

Sie faltet und klebt. Bald entsteht ein schöner Schmetterling. Jule bemalt ihn mit bunten Flecken und denkt: „Mama wird sich freuen!“

Sie schreibt auch einen Brief. „Für die beste Mama der Welt!“, schreibt sie. Jule verpackt ihr Geschenk in Papier.

Sie ist aufgeregt, es ihrer Mama zu geben. „Mama, das ist für dich!“, ruft sie.
Ihre Mama öffnet es und strahlt. „Ach, Jule, das ist wunderschön! Danke, mein Schatz!“

27. Leserätsel

Was bastelt Jule für ihre Mama?

1. Eine Halskette
2. Einen Schmetterling
3. Ein Bild

Der Spaß im Wasserpark

Lena und Tom besuchen den Wasserpark. Die Sonne scheint, und das Wasser glitzert. „Komm, wir rutschen!“, ruft Tom.

Sie steigen auf die höchste Wasserrutsche. Mit einem lauten Jubelschrei rutschen sie hinunter. „Das ist so cool!“, sagt Lena.

Dann gehen sie ins Wellenbad. Die Wellen sind groß und sie springen hoch. „Wie im Meer!“, ruft Lena.

Nachdem sie im Wasser geplanscht haben, ruhen sie sich aus. Sie essen Eis und trinken Saft. „Der Tag im Wasserpark ist super!“, sagt Tom.

28. Leserätsel

Was machen Lena und Tom zuerst im Wasserpark?

1. Sie essen Eis.
2. Sie spielen Fußball.
3. Sie rutschen von der Wasserrutsche.

Mein erster Brief

Luca schreibt seinen ersten Brief. Er nimmt Papier und einen Stift. „An wen soll ich schreiben?“, überlegt er.
Er entscheidet sich, seinen Großeltern zu schreiben. Sie wohnen weit weg.
„Liebe Oma, lieber Opa“, beginnt er.

Luca erzählt von seinem Alltag. Er malt auch ein Bild dazu. „Das wird ihnen gefallen“, denkt er.

Als der Brief fertig ist, faltet Luca ihn und steckt ihn in einen Umschlag. Er klebt eine Briefmarke drauf.

„Mama, kannst du den Brief abschicken?“, fragt er. „Gerne“, sagt Mama. Luca ist glücklich und sein Brief ist auf dem Weg.

29. Leserätsel

An wen schreibt Luca seinen ersten Brief?

1. An seine Freunde
2. An seine Großeltern
3. An seine Lehrerin

Die Nacht der Sternschnuppen

Heute Nacht sind Sternschnuppen zu sehen. Marie und ihr Bruder Jan legen sich auf eine Decke im Garten. Sie schauen in den Sternenhimmel.

„Da ist eine!“, ruft Jan. „Und noch eine!“, sagt Marie. Die Sternschnuppen ziehen helle Spuren am Himmel.

Sie wünschen sich etwas, jedes Mal, wenn sie eine Sternschnuppe sehen. „Ich wünsche mir ein neues Fahrrad“, flüstert Jan. „Und ich wünsche mir einen Hund“, sagt Marie.

Sie liegen lange da, beobachten die Sterne und träumen. Es ist eine zauberhafte Nacht.

30. Leserätsel

Was wünschen sich Marie und Jan, als sie die Sternschnuppen sehen?

1. Eine Reise ins Weltall
2. Ein Schloss
3. Einen Hund und ein neues Fahrrad

Die verlorene Katze

Emma ist traurig. Ihre Katze Luna ist weg. „Wo ist Luna nur?“, fragt sie sich. Sie beginnt, in der Nachbarschaft zu suchen. Emma ruft: „Luna! Luna!“ Aber Luna kommt nicht.

Sie schaut hinter Büschen und unter Autos. Keine Spur von Luna.
Dann hört Emma ein leises Miau. Sie blickt hinter die Gartenhütte. Und da ist Luna!

„Luna!“, ruft Emma. Sie nimmt Luna hoch und drückt sie fest. „Ich habe dich so vermisst!“, sagt Emma. Luna schnurrt.

Sie gehen zusammen nach Hause. Emma ist glücklich, ihre Katze wiederzuhaben.

31. Leserätsel

Wo findet Emma ihre Katze Luna?

1. Hinter der Gartenhütte
2. Im Park
3. Auf dem Dach

Meine erste Pflanze

Mia hat einen Samen. „Das wird meine erste Pflanze!“, sagt sie.
Sie nimmt einen Topf und füllt ihn mit Erde. Dann legt sie den Samen hinein. „Wachse schnell!“, flüstert sie.

Jeden Tag gießt Mia die Erde. Sie stellt den Topf ans Fenster. Die Sonne scheint darauf.

Langsam sprießt etwas Grünes. „Hurra, es wächst!“, ruft Mia.
Die Pflanze wird größer und größer. Mia ist stolz. „Meine erste Pflanze ist so schön!“, sagt sie.

Sie schaut jeden Tag, wie die Pflanze wächst. Mia liebt ihre Pflanze.

32. Leserätsel

Wo stellt Mia den Topf mit der Pflanze hin?

1. In den Garten
2. Auf den Boden
3. Ans Fenster

Das Fußballspiel

Lukas spielt heute Fußball. Er ist im Team Rot. „Wir gewinnen!“, ruft er. Das Spiel beginnt. Lukas rennt schnell und passt den Ball zu seinem Freund Max. Max schießt und ruft „Toor!“.

Das andere Team ist auch stark. Sie machen ein Tor. Jetzt steht es unentschieden.

Lukas spielt weiter. Er gibt sein Bestes. Dann, kurz vor Schluss, schießt er. Der Ball fliegt ins Tor.
Das Team jubelt. Sie haben gewonnen!

Nach dem Spiel geben sie sich die Hände. „Gut gespielt!“, sagen sie zueinander.

33. Leserätsel

Was macht Lukas kurz vor Schluss des Spiels?

1. Er gibt den Ball an Max.
2. Er schießt ein Tor.
3. Er wechselt sich aus.

Der Neuling in der Klasse

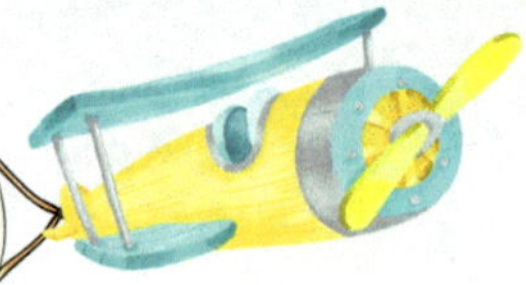

Tim ist neu in der Klasse. Er ist ein bisschen nervös. „Werden sie mich mögen?“, denkt er.

Die Lehrerin, Frau Krause, stellt Tim vor. „Das ist Tim. Seid nett zu ihm!“
Ein Mädchen lächelt. „Ich heiße Anna. Willst du neben mir sitzen?“, fragt sie.

Tim nickt. Er fühlt sich schon besser. Die Kinder spielen zusammen. Tim lernt viele neue Freunde kennen. Sie malen und lachen.

Am Ende des Tages ist Tim glücklich. „Ich mag meine neue Klasse“, sagt er.

34. Leserätsel

Wer bietet Tim an, neben ihr zu sitzen?

1. Die Lehrerin Frau Krause
2. Das Mädchen Anna
3. Ein Junge namens Max

Der Sandburg-Wettbewerb

Max und seine Freunde sind am Strand. Heute gibt es ein Sandburgen-Wettbauen. „Wir bauen die größte Sandburg!“, ruft Max.

Sie nehmen Eimer und Schaufeln. Jeder beginnt zu graben und zu bauen. Die Sandburgen werden größer und größer.

Manche Burgen haben Türme und Brücken. Andere haben Gräben und Fahnen.

Als die Zeit um ist, kommt die Jury. Sie schaut sich jede Burg an.
Max und seine Freunde gewinnen den ersten Platz! Sie jubeln und sind stolz auf ihre tolle Sandburg.

35. Leserätsel

Was gewinnen Max und seine Freunde beim Wettbauen?

1. Den ersten Platz
2. Einen Eisgutschein
3. Eine Strandmatte

Leserätsel Lösungen

1. Auf dem Dachboden
2. Sie spielt auf dem Schulhof.
3. Seine Katze Mia
4. Einen großen Schneemann
5. In den Zoo
6. Sie fütterten die Kühe.
7. Ein Welpe
8. Einen großen, bunten Kuchen
9. Ein Kissenhaus
10. Die Zahnfee
11. Ein großes Sandschloss
12. Sie bauten eine Sandburg.
13. In seinem Schulranzen
14. Sie machten eine Kissenschlacht.
15. Blumen und Gemüse
16. Eine große Rutsche
17. Sie schneidet sie ein bisschen kürzer.
18. Ein neues, blaues Fahrrad
19. Im Garten
20. Eine Suppe

Leserätsel Lösungen

21. Ein Rad ist abgebrochen
22. Eine bunte Zahnbürste
23. Sie spielen Fußball
24. Hinter einem Kissen auf dem Sofa
25. Schiffe und ein Delfin.
26. Einen Regenbogen
27. Einen Schmetterling
28. Sie rutschen von der Wasserrutsche.
29. An seine Großeltern
30. Einen Hund und ein neues Fahrrad
31. Hinter der Gartenhütte
32. Ans Fenster
33. Er schießt ein Tor.
34. Das Mädchen Anna
35. Den ersten Platz

Impressum

Deutschsprachige Erstausgabe April 2024

Rita Stahl wird vertreten durch:
Avan Haydo
Marienhöhe 2
51465 Bergisch Gladbach
Present_Book@web.de

ISBN: 9798321230398